RÉPONSE

A MONSIEUR

DUVERGIER DE HAURANNE.

✽

IMPRIMERIE DE Mme Ve DONDEY-DUPRÉ, rue Saint-Louis, 46,
au Marais.

✽

RÉPONSE

A MONSIEUR

DUVERGIER DE HAURANNE,

DÉPUTÉ,

PAR CHARLES HIS.

> . . . . Jam proximus ardet
> Ucalegon......

PARIS.

DUFFAY, LIBRAIRE,

RUE DES MARAIS S.-GERMAIN, 17,

ET CHEZ LES LIBRAIRES DU PALAIS-ROYAL.

1838

RÉPONSE

A MONSIEUR DUVERGIER DE HAURANNE.

. . . . Jam proximus ardet
Ucalegon.....

Virgile.

Pascal a comparé le genre humain à un seul
homme qui s'enrichit successivement de tous
les progrès des diverses générations. Or, tout
progrès doit avoir sa maturité ; mais à quelle
époque arrivera-t-elle ? Si la vie du genre humain dont Pascal fait un seul homme n'est pas
éternelle, elle sera du moins bien longue. Après
six mille ans, approchons-nous de la jeunesse,
ou sommes-nous encore dans l'enfance ? Si,
par exemple, la proportion de notre durée in-
dividuelle était à celle du genre humain comme
un est à mille, l'homme de Pascal n'aurait encore que six ans. Au moins est-il certain qu'en
matière de gouvernement, après six mille ans,
il n'y a pas encore un seul point sur lequel le
monde soit d'accord. Le diamant se forme

1

moins lentement dans les mines de Golconde
que la vérité dans l'ordre politique. Il est donc
possible que nous soyons jetés dans quelque
fausse route, que nous ayons adopté quelque
méthode vicieuse. Toutefois, ce qui doit nous
consoler, c'est qu'avant d'être parvenus à la
maturité de l'âge, il nous reste du temps pour
apprendre.

Aujourd'hui deux doctrines entièrement opposées l'une à l'autre sont en présence. Il y a
combat entre le gouvernement du roi tel que
la Charte l'a établi, tel que la monarchie représentative le comporte, et le gouvernement des
chambres tel que l'école anglaise le comprend
et l'enseigne.

Ceux-ci prétendent que depuis la révolution
de 1830, les prérogatives attachées par la Charte
à la couronne ne sont plus que des préten-
tions contraires à l'esprit de cette révolution ;
que la chambre des députés est maintenant au
gouvernement de la France ce que la chambre
des lords a été si long-temps au gouvernement
de la Grande-Bretagne. Dès lors ils pensent que

les doctrines anglaises doivent désormais servir de règle à tous nos mouvemens. Ils s'efforcent de créer une opinion publique qui nous ferait regarder nos lois comme mauvaises, tant qu'elles ne seront pas débarrassées de ce qu'elles ont de contraire aux lois britanniques. Ils demandent un ministère qui procède non du roi, mais des chambres. Ils font de cette maxime : *le roi règne et ne gouverne pas,* une sorte de dogme religieux, et excluent de la communion des fidèles ceux qui refusent de croire à son infaillibilité.

Ceux-là, au contraire, soutiennent que toutes celles des prérogatives de la couronne qui n'ont pas été retranchées par la révision de 1830, subsistent dans leur intégrité; que la formation du ministère est toujours l'essence de la prérogative royale ; qu'ainsi, au lieu d'interroger les forces mortes de l'Angleterre, il faudrait s'adresser aux forces vives de la France ; que son intérêt, son caractère, son genre d'esprit public, sa position géographique, lui rendent la royauté indispensable; non cette royauté idéale que l'école anglaise préconise ; mais la royauté véritable, et ils entendent que d'après le texte de la Charte, comme d'après l'état de notre civilisation, *le roi gouverne, par l'intermédiaire des chambres représentatives et des ministres responsables.*

Ainsi, nous sommes entre deux opinions qui nous poussent à la fois à vouloir être gouvernés et à rendre tout gouvernement impossible. La situation équivoque où la France se trouve placée par cette controverse est un fait supérieur à tous les raisonnemens et à toutes les récriminations. On en contesterait vainement l'importance. Une question qui est dans la pensée de tous les hommes influens d'un pays est une question sérieuse. Elle marche par ceux qui l'attaquent comme par ceux qui la défendent. Aujourd'hui tout le monde cesserait en même temps de s'en occuper, qu'elle marcherait seule, et qu'il se ferait au sein des pouvoirs, et à leur insu, un double travail à leur préjudice ou à leur profit. De part et d'autre, on en est au point de ne regarder l'état présent que comme un état provisoire ; chacun, dans son sens, ayant un autre état en perspective, qui serait l'état définitif. C'est quelque chose de semblable à l'oscillation d'un liquide, avant de prendre son niveau.

Quand un pays est dans une pareille situation, la première règle de prudence est de chercher les moyens d'en sortir. Nous ne pouvons pas léguer à l'avenir une charte destinée à terminer les querelles d'une longue révolution, et qui serait elle-même un sujet de querelle. Le roi ne peut pas transmettre à ses successeurs l'instrument organisateur en état de désorganisation. La France est nécessairement affaiblie au dedans comme au dehors par cette discordance. A force de présenter la situation des pouvoirs comme indécise, on finit par la rendre ridicule. Tant qu'ils ne seront pas d'accord sur l'ordre de leurs attributions et sur les limites dans lesquelles elles doivent être circonscrites, ils s'accuseront réciproquement de vouloir envahir. Il faudrait donc avoir l'intelligence assez ferme pour aborder la difficulté et la résoudre définitivement.

Telle était ma conviction, quand, à la fin de

l'année dernière, j'ai publié un travail dont le
but était de démontrer, que vouloir appliquer
les doctrines anglaises aux faits français, c'était
tout à la fois attenter à notre personnalité, et
violer la nature même des choses ; que notre
gouvernement était une monarchie représentative, et que dans une monarchie représentative
la direction suprême de la société appartenait à
la royauté ; qu'elle était le *pouvoir dominant*,
et que les deux autres pouvoirs spécialement institués pour l'empêcher d'être jamais autre
chose qu'une royauté constitutionnelle, n'é-
taient que des *pouvoirs limites*. Le gouvernement de l'Angleterre est au contraire une aristocratie, et dans l'aristocratie la direction suprême de la société appartient au pouvoir
aristocratique ; il est le pouvoir dominant : c'est
alors le pouvoir royal qui n'est qu'un pouvoir limite.

C'est ce travail que M. Duvergier de Hauranne a attaqué avec une ardeur qui, indépendamment de toute argumentation, suffirait
pour attester la puissance d'une conviction entièrement opposée à la mienne. La censure

d'un homme de son talent et dans sa position, sa persistance dans la poursuite (car il en est à sa troisième brochure sur le même sujet), rien de tout cela ne saurait être dédaigné. Je suis donc comme contraint de répondre. Ce sera, d'ailleurs, pour moi une occasion d'ajouter quelques nouveaux aperçus en faveur de mon sens, convaincu, comme je le suis, avec un des illustres amis de M. Duvergier de Hauranne, que dans les grandes questions, quand on a raison, on a toujours plus raison qu'on ne pense.

Il y a une manière sûre de triompher dans une discussion, c'est de se créer à sa fantaisie un point d'attaque, où on sera d'autant plus sûr d'être fort, qu'on n'aura devant soi aucun adversaire. Cette manière ne peut pas être celle de M. Duvergier de Hauranne ; mais, comme elle n'est pas étrangère à la plupart de ceux qui chaque jour défendent et propagent sa doctrine, je commence par déclarer, ce que j'aurai d'ailleurs l'occasion de prouver, je commence, dis-je, par déclarer que par *la monarchie représentative*, je n'entends point *la monarchie consultative* ; que je suis opposé, autant que qui que ce soit, à toute théorie qui attribuerait au roi la toute-puissance et aux chambres le simple droit de conseil et de contrôle. Je crois que le gouvernement du roi n'est légitime qu'à la condition d'être conforme à la Charte. La plus mauvaise manière de combattre les doctrines anarchiques serait de prendre la défense du pouvoir absolu. Entre un parti purement de cour et un parti parlementaire, même exagéré, la France prendrait parti contre la cour. Tout gouvernement du palais doit finir par la perte du palais.

Cela posé, je dois rappeler les considérations générales qui forment comme les premières assises du petit édifice que j'avais tenté d'élever.

Dans une question sur la nature de notre essence intellectuelle, deux ames quelconques dont chacune s'étudie elle-même, l'une à Pékin, l'autre à Paris, doivent faire sur elles-mêmes des découvertes semblables, si elles y procèdent de la même manière ; mais sur les

questions politiques les choses se passent diffé-
remment. Les vérités n'y sont pas absolues ;
elles ne sont que relatives. La zône et la région
en décident, et on ne peut se faire des principes de droit politique que d'après l'état de
la société où l'on se trouve placé. Dès qu'il s'a-
git de gouverner les hommes, on trouve toujours devant soi des intérêts déjà établis, des
opinions déjà formées. Si ces opinions sont
fortes, si ces intérêts sont puissans, s'ils oc-
cupent une grande surface, il est impossible
que le pouvoir ne s'y conforme pas. Tous les
gouvernemens du monde sont nécessairement
le reflet d'une époque donnée. Considérés sous
ce rapport général, *tous les gouvernemens
sont représentatifs*.

Dans nos temps modernes on est allé plus
loin. On a pensé que le moyen le plus sûr pour
un gouvernement de se mettre en harmonie
avec les opinions et les intérêts des gouvernés
était de leur donner une place dans le mouvement même de ce gouvernement, de leur accor-
der une représentation spéciale, en un mot
de les ériger en pouvoir public. On a pensé

qu'en leur assignant cette action régulière,
on remédierait aux dangers de leur action irré-
gulière ; que la prospérité commune devien-
drait alors le but de tous les efforts, et qu'il
n'y avait aucun moyen aussi propre que celui-
là pour reproduire tous les miracles de l'amour
de la patrie. Ainsi, bien que tous les gouvernemens soient représentatifs, dans le sens où
je l'ai expliqué plus haut, on qualifie aujour-
d'hui exclusivement de ce titre, ceux qui
ont adopté ce mode particulier de représentation.

En donnant un nom qui sert à distinguer
les gouvernemens qui admettent une représentation de ceux qui ne l'admettent pas, on n'a
pas pour cela prétendu changer les conditions
constitutives de tout gouvernement. On n'a
pas prétendu par là, placer invariablement ce
nouveau pouvoir au-dessus de tous les autres.
On n'a pas prétendu qu'à l'avenir la direction des affaires intérieures et extérieures
changerait au gré de ce pouvoir ; qu'il ferait et déferait les lois selon son bon plaisir ;
que chaque année il bouleverserait l'exercice

de tous les services, comme la sécurité de toutes les positions. La question gouvernementale, la question de prépondérance entre tous les pouvoirs est restée subordonnée à l'état de la civilisation du pays où cette nouvelle forme a été introduite. Quand donc on a dit à quel signe on reconnaît les gouvernemens qui ont adopté ce nouveau rouage, il reste encore à dire quelle place il doit occuper dans l'organisation générale. Quand on a placé ce nouveau pouvoir au rang des pouvoirs publics, il reste encore à dire quel est, parmi ces pouvoirs dont il fait partie, celui qui doit donner l'impulsion aux autres. Il reste à dire où est le pouvoir dominant, où sont les pouvoirs limites. Il n'y a pas, il ne peut pas y avoir sur ce point de règle générale applicable à tous les pays et à tous les états de la civilisation indistinctement. *Il n'y a pas de gouvernement représentatif* VRAI. Pour un peuple qui n'aurait pas nos mœurs, nos formes représentatives seraient de véritables contre-sens. Il peut y avoir des millions de gouvernemens représentatifs. Il y en aura autant de différens que de nations qui admettront cette forme nouvelle.

Je regrette que M. Duvergier de Hauranne ne se soit point expliqué sur cette partie de mon plan ; car c'était le point essentiel du débat. En effet, s'il y a un gouvernement représentatif *vrai*, tout ce que je viens de dire, voire, tout ce que je dirai dans la suite, tombe de soi, et il pourrait m'appliquer la maxime : *Falsus in uno, falsus in toto*. Si, au contraire, M. Duvergier de Hauranne pense avec moi qu'il n'y a pas de gouvernement représentatif vrai ; que ce type est purement idéal ; que ce lieu commun de tous les argumentateurs du jour n'est que le préjugé d'une école surannée ; nous en sommes réduits l'un et l'autre à nous soumettre aux conditions imposées par la loi constitutionnelle et par l'état présent de notre civilisation : sans chercher à résoudre l'insoluble problème de la transformation des volontés et des consciences d'un pays en des volontés et en des consciences exotiques. *Pour l'un comme pour l'autre, il n'y a de loi préexistante que la Charte.* Comme M. Duvergier de Hauranne n'a pas cru devoir s'arrêter à ce point, si capital cependant, je dois passer à la partie de mon ouvrage qui a

plus particulièrement fixé son attention. C'est
à sa première brochure, à sa brochure du mois
de mars que j'emprunte l'extrait qu'on va lire.

« Pour que la vie politique existe, pour qu'il
y ait gouvernement, dit M. His, il faut une
direction homogène et une action continue.
Unité et fixité : tels sont donc les deux carac-
tères auxquels se reconnaît un vrai gouvernement. Or, dans un pays comme la France, où
l'élection appartient à la classe moyenne, c'est-
à-dire à une classe composée d'élémens variés et
mobiles, il est impossible que la majorité de la
chambre élective soit autre chose qu'une aggrégation fortuite de minorités sans cesse prêtes à
se séparer. C'est donc méconnaître les principes les plus élémentaires de la science politique que de demander à une telle aggrégation
ce qu'elle est impuissante à produire, un système et une direction. Ce système et cette direction, il est indispensable que la chambre les
reçoive d'un pouvoir constitué dans des conditions tout autres, d'un pouvoir qui, par sa
nature même et par le mode de son existence,
ait de l'unité et de la fixité. A la royauté donc,

à la royauté seule il appartient d'avoir une pensée et de choisir les instrumens et les organes qui doivent la mettre en œuvre et la faire prévaloir. Prétendre, comme le fait l'école anglaise, que ces instrumens et ces organes doivent nécessairement être choisis au sein de la majorité des chambres et se faire agréer par cette majorité, c'est confondre les attributions des pouvoirs entre eux et rendre le gouvernement impossible. »

M. Duvergier de Hauranne est d'accord avec moi sur la nécessité de l'unité et de la fixité, comme conditions constitutives de tout gouvernement. Bien loin de contester, il proclame l'incohérence des nombreuses fractions qui morcellent aujourd'hui la chambre des députés. Mais ce qu'il nie, c'est que ce soit là, pour elle, un vice organique ; ce qu'il nie, c'est la conséquence que j'en déduis.

« Il est vrai, dit-il, que privée de direction et livrée à l'action dissolvante de toutes les volontés et de tous les caprices individuels, la chambre des députés doit se décomposer et tomber dans l'impuissance. Il est vrai, en un mot, que dans le gouvernement représentatif, comme dans tout autre gouvernement, des chefs sont nécessaires. Mais à quelle condition ces chefs peuvent-ils, dans le gouvernement représentatif, se placer à la tête de la société et l'entraîner à leur suite? Là est la question véritable, celle à laquelle M. His ne me paraît pas avoir suffisamment songé. Il faut que la chambre élective soit dirigée, nous sommes d'accord sur ce point, mais au nom de quel principe et par qui ?... »

J'aurais eu le droit de ne pas réfléchir à une question que la Charte a tranchée ; car c'est elle qui répond : *Au nom du principe monarchique, au nom du roi qui le personnifie, et par les ministres de son choix.*

C'est la Charte, en effet, qui a investi le roi de la pensée gouvernementale, et c'est en cela que notre gouvernement diffère si essentiellement de celui de l'Angleterre, où la pensée et même une portion de l'action sont dans le parlement. Mais, indépendamment de cette déci-

sion transcendante, j'ai médité sur cette question, afin d'en apprécier l'étendue, afin d'en
tirer les conséquences qui s'y rattachent natu-
rellement, et de les opposer à celles qui ne
dérivent que de la théorie anglaise.

En Angleterre, le ministère se présente tout
fait à la couronne, pour qu'elle ait à le pro-
clamer. En France, du moins jusqu'à présent,
aucun ministre ne s'est encore nommé de son
autorité privée.

En Angleterre, les ministres proposent les
lois, non pas au nom du roi, mais en leur
propre nom et comme membres de l'une ou
l'autre chambre. En France, les ministres, en
ce qui concerne l'exercice de la puissance législative, ne sont que les représentans spéciaux
de la couronne, accrédités par elle auprès des
chambres pour leur faire adopter ses plans.
D'eux-mêmes, ils ne peuvent faire aucune proposition de loi. S'ils en font, c'est parce que le
roi y consent, c'est par son ordre. S'il en était
autrement, *nous aurions un directoire,* et non
une monarchie. Que le roi ait inculqué sa pen-

sée aux ministres, ou que ce soient les ministres qui lui aient inculqué la leur ; aux termes de la Charte, c'est toujours la pensée du roi.

Pour le travail relatif à l'exercice de sa pré-rogative constitutionnelle, le roi peut ordonner à ses ministres un travail commun sous un président, ou, si telle est sa volonté, une délibération entre eux, *sans président.* Personne n'a le droit de se mêler à ces détails intérieurs. Ce qui se passe entre le roi et ses ministres doit rester ignoré du public, et celui d'entre eux qui manquerait à cette haute convenance aurait cessé de mériter sa confiance. *La présidence réelle* est une idée théorique, prise uniquement dans les usages anglais, et qui n'est pas moins contraire à l'esprit de la Charte qu'à l'état de notre civilisation.

Si la délibération entre le roi et ses ministres a une importance assez grande pour qu'il ordonne de la soumettre aux chambres, bien qu'il ne l'approuve pas personnellement, pour qu'il en fasse un acte de sa volonté constitutionnelle, au lieu d'un acte de sa volonté

personnelle; après les amendemens que chacune des deux chambres a pu introduire dans
la proposition primitive, il reste encore au roi
la sanction; parce que le législateur a pensé que,
malgré toutes les épreuves précédentes , la loi
ne pouvait se passer un seul instant de porter
l'empreinte de la volonté royale. Dans l'exercice de toutes les autres parties de sa prérogative , il n'est que magistrat , et les lois
doivent régler sa conduite ; mais lorsqu'il
donne ou refuse sa sanction, il fait acte de souveraineté.

Tel est tout à la fois le texte et l'esprit de
cette Charte à laquelle tous, tant que nous
sommes, roi, chambres, citoyens, nous avons
également juré obéissance. C'est elle qui a fait
le ressort monarchique autre qu'il n'est en
Angleterre : C'est elle qui l'a fait plus fort :
C'est au nom du peuple que la royauté a été
constituée la première et la plus grande autorité de l'état.

Dans toutes ces maximes, M. Duvergier de
Hauranne ne voit que contre-sens et anachro-

nismes. Il prétend que la révolution de 1830 n'a été faite que dans le dessein de soustraire les chambres à la prépondérance monarchique, et que maintenant, en France comme en Angleterre, les ministres désignés par les chambres, et spécialement par la chambre élective, doivent avoir la direction suprême du gouvernement, comme ils en ont la responsabilité.

Il me semble que c'est M. Duvergier de Hauranne qui se trompe. Tant qu'a duré la restauration, la tribune et la presse n'ont été qu'un champ-clos où les intérêts de la révolution et ceux de la contre-révolution furent sans cesse aux prises. La question n'était pas entre le principe monarchique et le principe parlementaire, mais entre les Français restés sur leur territoire et les Français émigrés. De toutes les questions en litige depuis cinquante ans, la révolution de 1830 n'en a résolu qu'une seule, celle de l'impossibilité de nous faire rétrograder. Pour cette fois, l'ancien régime est bien mort, et il n'y a pas de bras assez puissant pour soulever la pierre qui couvre ses dépouilles.

Il ne faut donc pas chercher à faire prendre
le change. La question qui s'agite aujourd'hui
n'est pas de nature à soulever les passions po-
pulaires. Il n'y a que les esprits d'une certaine
trempe qui puissent s'engager dans le débat,
et s'il y a quelque chose qui soit moins facile
de faire comprendre au peuple que la **nécessité** d'une royauté dont le plus grand crime
serait de se mêler des affaires publiques , c'est
qu'il a fait une révolution pour que la chambre
des députés de France eût les mêmes priviléges
que la chambre des lords de l'Angleterre.

« Dans le gouvernement représentatif, quelque atténué , quelque faussé qu'il puisse être, dit
M. Duvergier de Hauranne dans la troisième de
ses brochures, celle qui a paru dans les premiers
jours du mois dernier, les hommes éminens
s'appartiennent à eux-mêmes, et ont une pensée bonne ou mauvaise, qu'ils tiennent à réaliser. Ils voient en outre devant eux une car-
rière, où, par leurs efforts personnels, et sans
qu'on vienne à leur aide, ils peuvent conqué-
rir une grande place dans l'estime du pays, et
une haute situation. »

« Croit-on que de tels hommes descendent
volontairement au rôle subalterne qu'il plaît de
leur assigner. Croît-on qu'humiliant leur raison et soumettant leur volonté, ils se prêtent à
pratiquer une politique qui n'est pas la leur, et
qu'on leur donne toute faite ? Croit-on, en un
mot, qu'ils consentent à mettre au service d'une
pensée étrangère l'activité et le talent dont ils
se sentent doués ? Ce serait en vérité se mé-
prendre sur la nature humaine et se bercer
d'une illusion que l'expérience ferait bientôt
évanouir..... »

Ainsi on en fait l'aveu : ce qu'il y a au fond
de cette question, ce qui la rend si vive, ce
sont des intérêts de vanité, d'ambition, si l'on
veut... Il s'agit d'arracher la France à cette
terrible sentence qui, sortie du rocher de Sainte-
Hélène, pour retentir sur l'Europe entière, la
menace d'être bientôt cosaque ou républicaine.
Pour éviter ce double péril, il faudrait fonder
une monarchie représentative ; il faudrait que
tous les hommes éminens unissent leurs efforts
à ceux du monarque : et on nous annonce froidement qu'ils tiennent, avant tout, à réaliser leur

pensée, *bonne ou mauvaise*. On nous annonce froidement que, pour y parvenir, ils vont nous enlacer dans une telle situation qu'il n'y aurait à attendre que des désordres, si la sagesse des chambres ne parvenait à les détourner, et que la révolution recommencerait, quel que soit le désir de ne pas la voir recommencer.

Le devoir des hommes éminens , quand ils sont ministres du roi , est de combattre toutes celles de ses pensées qu'ils regardent comme dangereuses, et de lui inculquer toutes celles de leurs pensées qu'ils regardent comme *bonnes*. Mais tandis que d'un côté le texte de la Charte exige qu'ils se présentent devant l'opinion publique et devant la justice des chambres comme responsables de tous les actes qui peuvent être réputés nuisibles ; de l'autre, l'esprit monarchique leur commande de rapporter à la personne royale tous ceux dont l'opinion publique et la justice des chambres s'accordent à reconnaître l'utilité. Sans doute c'est là une fiction ; mais c'est à cette fiction qu'est attaché le principe d'unité dont M. Duvergier de Hauranne a reconnu l'indispensable nécessité.

La responsabilité des ministres est la garantie du pays contre celles des volontés du monarque qui pourraient être contraires à ses intérêts ; mais ce n'est pas la destruction de cette volonté ; au contraire, elle la suppose. La responsabilité est séparée de la pensée ; parce que, par son essence, la pensée est irresponsable. Elle ne l'est jamais de l'action, et c'est là ce qui nous importe. L'école anglaise feint ici de ne pas apercevoir toute la sagesse de ce mécanisme qui, joignant la responsabilité des ministres à l'inviolabilité du roi, a résolu la plus grande difficulté du problème social.

Si les chambres nomment les ministres, que devient cette responsabilité ? De quoi seront-ils responsables ? d'avoir mis à exécution les ordres de la chambre. Par qui seront-ils accusés et jugés ? par ces mêmes chambres. N'allons pas plus avant : nous touchons les bornes de l'absurde.

Que M. Duvergier de Hauranne me permette donc ici de lui répliquer que si dans nos deux doctrines il y en a une qui soit un contre-sens, ce ne peut être que celle qui veut faire violence à la nature des choses en plaçant un monarque dans une position qui le dégrade ; que si dans les deux doctrines il y en a une qui soit un anachronisme, ce ne peut être que celle qui, parce qu'un événement est arrivé dans de certaines circonstances et qu'il a produit des effets déterminés, en conclut que dans une situation différente un événement du même ordre doit produire des effets semblables aux premiers.

La nomination des ministres par le roi est un droit déterminé par la Charte et dont l'exercice doit être maintenu à tout prix. A l'appui de la Charte, à l'appui de tout ce que je viens de dire, à l'appui du bon sens, je puis ajouter pour M. Duvergier de Hauranne l'autorité d'un homme dont la voix lui fut connue et dont l'opinion ne saurait lui être suspecte.

« L'essence de la royauté dans une monarchie représentative, dit Benjamin Constant *,

---

* *Principes politiques*, par BENJAMIN CONSTANT.

est l'indépendance des nominations qui lui sont attribuées. Il faut donc lui laisser cette prérogative intacte et respectée ; il ne faut pas lui contester le droit d'élire. »

« On ne m'accusera pas, j'espère, d'être trop favorable à l'autorité absolue ; mais je veux que la royauté soit investie de toute la force, entourée de toute la vénération qui lui sont nécessaires pour faire le bien. »

On m'objectera peut-être que c'est avant 1830 que M. Benjamin Constant parlait ainsi ; mais que par la révision de 1830, le principe du gouvernement a changé de place en France, comme il avait changé en Angleterre par la révolution de 1688 ; que c'est la chambre des députés qui a révisé la Charte ; que c'est elle qui a constitué les deux autres pouvoirs, et que tant que durera cet acte de révision, la chambre des députés conservera sa suprématie, qu'elle est le pouvoir dominant, le principe du gouvernement, et que toute autre doctrine est inconstitutionnelle.

Par la révision de 1830, la souveraineté a changé de place, cela est vrai ; mais il ne faut pas confondre la souveraineté avec le principe du gouvernement, la force motrice de l'état dans les temps ordinaires, avec le droit de le constituer dans les temps extraordinaires : car cette confusion, qui rendrait tous les gouvernemens impossibles, rend souvent toutes les discussions inintelligibles.

La souveraineté n'est pas un principe, n'est pas un droit, n'est pas une institution. C'est le fondement de tous les principes, de tous les droits, de toutes les institutions. C'est la souveraineté, et pas autre chose. Aussitôt qu'elle a rempli sa mission, elle disparaît. Le nuage qui l'avait apportée la reprend, et il n'y a plus rien de commun entre l'œuvre et l'ouvrière. En effet, pourrait-on concevoir quelque chose de plus monstrueux qu'une souveraineté toujours incessante ? Une nation a besoin de stabilité, et elle n'en aura jamais si le pouvoir souverain la menace sans cesse.

Le principe du gouvernement émane de la

souveraineté, il ne la constitue pas. Cette relation de l'effet à sa cause est la seule chose qui soit commune entre eux. Quand la souveraineté a disparu, c'est le principe du gouvernement qu'elle a fondé, ce sont les institutions dont elle l'a environné, qui subsistent. Les chartes sont faites pour que chaque pouvoir reste dans le cercle que la souveraineté lui a tracé; mais ni chaque pouvoir isolé, ni tous les pouvoirs réunis ne peuvent constituer la souveraineté.

Par la charte de 1814, ajoute-t-on encore, l'initiative de la loi était le partage exclusif de la couronne. Par l'acte de révision, la proposition de la loi, partant la pensée du gouvernement, appartiennent indistinctement aux trois pouvoirs, et quand les trois pouvoirs ont un droit semblable à être la pensée du gouvernement, ils ont un droit égal d'aspirer aux moyens de se faire des ministres pour exécuter cette pensée.

Ainsi nous aurions une charte à deux unités, un corps à deux têtes. Deux machines à vapeur seraient placées en face l'une de l'autre.

A l'application cela est impossible. Entre
deux idées si opposées, il y en a nécessairement
une vraie et une fausse. La vraie est celle qui
est conforme à la nature même des choses et à
l'état de notre civilisation. La fausse est celle
qui répugne à la nature des choses et qui
n'est appuyée que sur une civilisation étrangère. J'attaque moins l'opinion **de M.** Duvergier de Hauranne comme illégitime que comme
fausse. Les faits qu'il a dans l'esprit n'ont aucun rapport avec ceux qu'il a sous les yeux.
Quand un auteur a tenu conseil avec sa mémoire, il peut bien s'applaudir de tout ce
qu'elle lui fournit d'argumens; mais la région
des idées et le terrain de l'état social sont
choses différentes. Gouverner ce n'est pas se
souvenir; c'est agir et marcher. On n'emprunte
pas, avec la science du gouvernement anglais,
la manière d'en faire usage en France. La di-
versité des mœurs se montre chez les deux nations avec une persévérance qui restera in-
domptable. **M.** Duvergier de Hauranne serait
ministre demain, qu'il ne saurait plus comment se conduire. Il serait comme un navire
égaré sur une mer inconnue, et qui, après avoir

fait fausse route, ne peut plus retrouver son chemin. Il faudrait que quelque événement le ramenât au port, et que de là il recommençât sa navigation.

« Jamais, dit M. Duvergier de Hauranne, une chambre composée d'hommes intelligens et libres ne renoncera ainsi à toute pensée et à toute volonté. Jamais on n'obtiendra que deux cent cinquante députés reconnaissent leur chef (le ministère) comme un soldat son caporal, et reçoivent leur direction comme une consigne, aveuglément et passivement... »

Ce qui m'étonne, c'est la nature de l'objection. L'immense avantage du gouvernement du roi, c'est que les votes des chambres peuvent se former selon que les questions le demandent. Dans ce cas, il n'y a de majorité inféodée à aucune influence. Elle peut aller droit devant elle, sans s'inquiéter de ce qu'elle rencontre, sans réfléchir, si elle heurte les ministres, ou ceux qui voudraient leur succéder. Le maintien du ministère dont on rejette les projets ne doit pas plus être considéré comme une dé-

rogation aux principes de la monarchie représentative, que leur adoption ne doit être con--
sidérée comme une approbation du système de
la couronne. Loin donc que la nomination des
ministres par le roi porte la moindre atteinte
à l'indépendance des chambres , elle est, au
contraire, le meilleur, et je crois même l'u-
nique moyen de la consacrer. Si les chambres
comprennent ainsi leur position, elles la comprennent bien.

Malheureusement, il y a une lacune dans la
tête de nos hommes d'état. Ils peuvent bien
sauver la société dans un jour de péril ; mais,
jusqu'ici du moins, il n'est pas venu à leur
pensée de déduire de la Charte les conséquences
qui en dérivent, d'opposer une doctrine toute
française , toute monarchique , à la doctrine
toute anglaise, toute aristocratique de M. Duvergier de Hauranne. Qu'est-ce, en effet, que
tout ceci? qu'est-ce autre chose que l'incohérence entre les idées de la Grande-Bretagne,
qui sont inadmissibles, l'état de la société qui
réclame une nouvelle organisation, et l'impuissance de nos hommes d'état à la donner? Le

temps, qui nous a montré les difficultés, ne nous a pas encore donné les moyens d'en sortir. L'homme de Pascal, quand il approchera de la maturité, jugera sévèrement l'incapacité de son premier âge.

Quand il faut gouverner sur un terrain où de fausses opinions tendent à dominer, l'homme supérieur ne se fait connaître qu'en luttant avec énergie contre l'erreur. Sa dignité, dans une telle position, consiste à ne point se laisser enfermer dans des idées convenues ; mais, à force de talent, il doit contraindre, en quelque sorte, l'entendement humain à en adopter de meilleures. Ce qui distingue les hommes entre eux, c'est que ceux qui ont fait de grandes choses en ont vu avant les autres la possibilité.

« Nous ne sommes plus au temps, poursuit M. Duvergier de Hauranne, où le pouvoir, pour accomplir sa haute mission, n'avait qu'à se montrer ; au temps où le premier venu, pourvu qu'une auguste confiance l'honorât de son choix, obtenait immédiatement l'obéis-

sance et commandait le respect ; mais aujour-
d'hui le pouvoir est à de plus rudes conditions,
et l'ordonnance royale qui confère le titre ne
confère pas nécessairement l'autorité. Qui ose-
rait dire pourtant, quand il s'agit de gouvernement, que sans l'autorité le titre est suffi-
sant ?... »

Certes ce n'est pas moi.

Il y a, je le sais, deux élémens d'une nature
toute différente dans un pays, savoir, ses lois
et ensuite l'appui qu'elles reçoivent de l'opinion, c'est-à-dire, sa force légale et sa force morale. Il ne suffit pas qu'un gouvernement existe,
il faut qu'il soit suivi. Ce n'est pas assez pour
lui d'avoir raison, il faut encore que ses con-
victions soient partagées. Croire, par exemple,
que pour faire des lois, il suffit d'avoir des majorités, et que pour avoir du pouvoir, il suffit
de faire des lois, c'est prendre l'extérieur de
la société pour le fonds. On ne tient pas les
hommes, quand on ne les saisit que par ce
qu'ils ont de matériel : les étreintes intellec-
tuelles sont seules durables.

Si, dans un gouvernement à plusieurs pouvoirs, il y en a un dont la force morale, ou, comme M. Duvergier de Hauranne la nomme, l'*autorité*, soit d'autant plus faible que sa prérogative constitutionnelle est plus forte, ce pouvoir est nécessairement en péril : car un pouvoir avec lequel l'opinion publique ne sympathise plus, qui n'a pas de force morale, est sans garantie contre la violence.

Ainsi il y a deux forces dans le roi, d'abord sa force constitutionnelle, et ensuite la force d'opinion qui s'attache à ses actes. Maintenant, le roi a-t-il une force morale, une force d'opinion, une autorité proportionnée à l'étendue de sa prérogative? C'est ainsi qu'en définitive peut se traduire la question posée par M. Duvergier de Hauranne.

Avant de répondre, des éclaircissemens préliminaires sont indispensables, et deux questions préjudicielles réclament une attention sérieuse. Avant d'examiner si le roi a une force morale proportionnée aux besoins de sa prérogative, il faut commencer par examiner s'il a même la force légale dont il ne peut se passer pour cet exercice.

Je m'expliquerai avec d'autant plus d'empressement, sur ce premier point, que cet examen était le but spécial de l'ouvrage attaqué par M. Duvergier de Hauranne. Déjà j'ai exprimé tous mes regrets de ce qu'il n'ait pas commencé par s'expliquer sur le point fondamental de notre débat, savoir s'il existe un gouvernement représentatif vrai, ou si cette prétendue vérité n'est qu'un mensonge. Maintenant je crois avoir droit d'en exprimer de plus vifs encore, de ce que m'ayant fait l'honneur de combattre mes principes, il n'ait pas cru devoir me suivre jusque dans les conséquences qui s'y rattachent. Par cette omission, il a pu me placer dans une position qui n'est pas la mienne et que je ne saurais accepter. Ses lecteurs n'ont donc pas pu me comprendre, et ceux de ma réponse ne seraient pas plus avancés, si je ne reproduisais, le plus succinctement possible, la suite des idées dont M. Duvergier de Hauranne n'a donné que les prémisses.

Lorsqu'une chose peut se décider par l'action du pouvoir, sans recourir au raisonnement, c'est toujours au premier moyen qu'il faut s'arrêter : le second n'est nécessaire que quand il s'agit de fixer les doctrines. Je n'ai jamais eu la moindre part au mouvement des affaires politiques; mais j'ai toujours observé avec la plus grande attention ceux qui y ont exercé la plus haute influence. Depuis 1789, époque à laquelle M. Maret, maintenant duc de Bassano, et moi, nous remplissions, seuls et de mémoire, les longues colonnes du *Moniteur*, jusqu'aujourd'hui, je n'ai pas manqué de sujets. Eh bien! je n'en ai jamais trouvé aucun qui n'ait tiré sa puissance de son caractère, plutôt que de ses lumières. Mais ici c'est de doctrine qu'il s'agit; ce sont les lumières qui sont indispensables. Le grand auxiliaire de l'autorité, dans ce cas, c'est la science; son plus grand ennemi, le demi-savoir.

Les chartes ne sont guère autre chose qu'une exposition de principes, qu'une simple constitution des pouvoirs publics avec la désignation de leurs attributions respectives. C'est pour cela que les lois qui servent à consacrer cette première opération prennent le nom de *lois con- stitutionnelles*.

Ensuite il faut donner à ces pouvoirs les moyens nécessaires d'atteindre le but pour lequel ils sont institués. Toute prérogative qui ne porte pas avec elle sa garantie, est une dé- ception. Il faut organiser les conditions pro- pres à faciliter leur exercice et à perpétuer leur durée. C'est pour cela qu'on appelle les lois qui servent à consacrer cette seconde opération, *lois organiques*.

Si l'on ne saisit pas parfaitement cette grande distinction et cette seconde nécessité; si l'on sé- pare les principes des moyens qui doivent servir à leur application, il est impossible de rien com- prendre au mécanisme des gouvernemens à plusieurs pouvoirs. Si, au contraire, on veut se bien pénétrer de ces deux points, ce sera comme un éclair qui découvre un vaste hori- zon sans laisser à redouter d'orage.

Un gouvernement a cela de commun avec

tous les êtres organisés, qu'il doit être muni de tous les moyens propres à atteindre ses développemens et à faciliter ses mouvemens. Le grand chêne qui couvre la terre de son ombre se dessécherait et périrait infailliblement, si ses racines n'allaient au loin chercher les sucs qui le nourrissent et le font croître. De même la royauté ne se meut pas par sa seule force. Si on l'isole de toutes les conditions propres à atteindre ses développemens et à faciliter ses mouvemens, il est impossible qu'elle subsiste.

Chaque principe doit être armé de ses conséquences. Dieu lui-même exige des prêtres et des temples. Le principe aristocratique est armé de la chambre des pairs. Le principe que, dans l'ouvrage auquel je me reporte en ce moment[*], j'ai nommé MÉSOCRATIQUE ; parce qu'il y avait nécessité de créer un mot nouveau, pour exprimer une position nouvelle, pour caractériser la *personnification politique* de la classe moyenne ; le principe mésocratique, dis-je, est armé de la chambre des députés. Le principe

[*] *Des Ministres* DANS LA MONARCHIE REPRÉSENTATIVE.

monarchique seul est *désarme*. Seul il est dé-
pourvu des conditions indispensables à sa vi-
talité : car le roi ne représente pas : il EST,
il ne fonctionne pas matériellement ; il dirige,
il GOUVERNE. Je demande si sept à huit ministres, même en admettant la liberté du roi
pour les choisir, je demande, dis-je, si sept à
huit ministres peuvent lutter contre quatre
cent cinquante députés et environ trois cents
pairs. La possession d'un trône qui n'est pas
mieux garanti n'est que l'occupation d'un poste
qui ne pourrait pas résister à une attaque sérieuse.

Selon notre Charte, le roi a deux capacités
fort distinctes, savoir, une capacité exécutive,
dont l'exercice entraîne la responsabilité, et
une capacité législative, dont l'exercice est nécessairement irresponsable. Pour l'exercice de
sa capacité exécutive, le roi a une condition à
remplir, celle de trouver des ministres qui en
répondent devant les chambres. Ici, du moins,
la loi organique de l'attribution en a complété
les ressources. Pour l'exercice de sa capacité
législative, la loi organique avait à remplir les

mêmes conditions ; mais cette fois on n'a pas
pu consulter le mécanisme anglais, puisque le
roi, en Angleterre, n'a pas de capacité législative ; et nous sommes si peu avancés dans la
science politique, qu'on n'a pas même songé
aux conséquences de cette différence, et qu'on
n'a rien fait du tout.

Qu'on ne cherche point ailleurs le secret de
nos embarras ; c'est là qu'il existe ; c'est là
qu'il y a une lacune qu'il est, à mon avis, indispensable de combler.

La royauté n'a des ennemis si acharnés que
parce qu'elle est mal comprise, et elle n'est mal
comprise que parce qu'elle est dépourvue des
moyens nécessaires pour développer tous ses
avantages. Sa condition, depuis son origine, a
toujours été de prendre son point d'appui sur
les intérêts généraux. Elle a changé de moyens ;
elle ne peut changer de but. L'aristocratie est
le privilége des classes supérieures ; la méso-
cratie est le privilége de la classe moyenne ; la
démocratie est l'oppression des supériorités par
les masses. Il n'y a que la monarchie qui puisse,

sans danger pour elle, s'appuyer sur le droit de tous, à raison de la capacité de chacun. L'é-galité, c'est-à-dire la faculté d'arriver à toutes les fonctions, sans autre condition que celle de l'aptitude à les remplir, est le premier besoin de notre époque. *Dans les crises sociales, l'homme d'état doit s'attacher au principe qui les domine ; parce que tant que ce principe n'est pas satisfait, l'agitation doit continuer.* Les révolutions de 1789 et de 1830 n'ont pas été faites en haine d'un privilége particulier, mais de tous les priviléges. Les aristocraties d'origine bourgeoise ne sont pas moins inso-lentes que les aristocraties de naissance. Seu-lement les unes nous dédommagent aujourd'hui en grossièreté de ce que les autres nous don-naient autrefois en élégance.

Il ne suffit donc plus que les lois ne mettent pas d'obstacle à l'avénement au pouvoir des supé-riorités naturelles, il faut qu'elles leur fournissent un moyen d'y parvenir. L'égalité est dans nos mœurs, il faut qu'elle entre dans nos institu-tions. Il y aurait, ce me semble, de l'habileté à la placer à côté même du principe monarchique, à en faire la base de l'institution qui nous manque et qui serait spécialement destinée à sa garantie. Mais en même temps que pour être en harmonie avec l'état présent de la civilisation, cette institution devrait être l'application du principe d'égalité dans son sens le plus étendu, il faudrait que le mode d'y être admis fût tel, que la certitude d'un bon choix lui fût acquise. En fait d'élections, les lumières des électeurs sont la meilleure garantie qu'il soit possible d'obtenir. Tout va donc dépendre de la nature du corps électoral.

Pour satisfaire à toutes les exigences, il y a nécessairement une foule de moyens. Si je me suis hasardé à en proposer un particulier, ce n'est pas que j'y attache plus d'importance qu'à tout autre qui partirait du même principe, et viserait au même but; mais seulement, comme je l'ai dit dans l'ouvrage attaqué, pour n'être point accusé d'avoir voulu me soustraire à une difficulté. Voici donc quelles étaient, quelles sont encore mes idées.

1° Indépendamment de leurs fonctions législatives, la chambre des députés et la chambre des pairs, transformées en deux grands corps électoraux, formeront une liste de candidats parmi lesquels le roi choisira ses MINISTRES D'ÉTAT.

2° Tout Français âgé de vingt-cinq ans, qui aura réuni la majorité des suffrages de l'une ou l'autre chambre, pourra être nommé ministre d'état.

3° Les membres des deux chambres ne pourront être portés comme candidats à la nomination du roi, que par celle des chambres dont ils ne font pas partie.

4° Les chambres présentent trois candidats pour chaque place à nommer.

5° Les ministres d'état sont les représentans du monarque, pour toutes celles de ses attributions qui n'entraînent pas la responsabilité.

6° Les ministres d'état sont inamovibles.

7° Les ministres responsables ne peuvent être pris que parmi les ministres d'état.

8° Le conseil des ministres d'état est présidé par le roi; en son absence, par celui des membres du conseil qu'il aura désigné.

9° Les princes du sang peuvent, avec l'agrément du roi, assister aux séances des ministres d'état.

10° Ceux des ministres d'état qui, avant leur admission, auraient été revêtus d'autres fonctions, ne peuvent les cumuler avec les nouvelles.

Ainsi, la nouvelle institution participerait de toutes les forces constitutives de notre nationalité. Ce serait un pouvoir permanent, possédant une intelligence assez élevée de nos intérêts pour maintenir, en dehors comme en dedans, la puissance de la France. La prospérité d'une nation ne doit pas être resserrée dans la durée d'un règne. On aurait là un corps permanent dont la conduite serait sous la surveillance publique. Rien ne peut empêcher les princes de différer entre eux de capacité. L'in-

stitution est tellement combinée, que ces diffé-
rences ne pourraient jamais maîtriser la marche du gouvernement. La part d'influence ré-
servée aux princes d'une grande capacité serait
en raison de cette capacité; mais ceux qui en
manqueraient, seraient mis dans l'impuissance
de nuire. Enfin la France réunirait, pour empêcher son gouvernement d'être autre chose
qu'une monarchie, des moyens bien autrement
puissans que ceux employés par l'Angleterre
pour empêcher le sien d'être autre chose qu'une
aristocratie.

Le roi a le droit de choisir ses ministres, et ce
choix doit être libre; mais il ne saurait être arbitraire. Si la majorité de la chambre des députés lui dicte ses choix, il n'est pas libre; s'il
prend ses ministres où bon lui semble, son choix
est arbitraire. Alors la volonté personnelle du
roi n'a plus de limites, et tout droit qui n'a pas de
limites trouve promptement l'abîme dans lequel
il doit s'engloutir. Dans les gouvernemens à
plusieurs pouvoirs, il ne peut y avoir de droit
absolu, et la chambre qui voudrait s'en saisir,
n'aurait pas plus de succès que le roi. Il faut

donc tout à la fois assurer l'indépendance des volontés royales, et garantir le pays, comme la royauté elle-même, contre le danger des volontés personnelles du roi. Je crois que l'institution des ministres d'état remplirait toutes les conditions du problè me.

Je ne me dissimule pas cependant tous les obstacles que doivent rencontrer de pareilles propositions. Quand une pensée tombe dans l'océan de l'intelligence, elle n'entre pas du premier coup dans tous les esprits. Elle a d'abord contre elle toutes les médiocrités qu'elle désoriente, toutes les ambitions qu'elle dérange, en un mot tous ceux qui profitent des erreurs qu'elle tend à détruire. Ensuite, une idée nouvelle en politique exige toujours quelque remaniement, et ce n'est pas là le moind re obstacle à son adoption. Ce n'est pas ma faute cependant, si on a manqué l'organisation du conseil d'état; si, au lieu d'en faire une institution monarchique, selon la pensée de l'empereur, en y ajoutant un caractère de liberté qui était en dehors des idées impériales, on en a fait une institution purement ministérielle, en

harmonie avec le principe de la présidence
réelle, comme la présidence réelle est elle-même
en harmonie avec le principe des majorités.
Dût, au reste, ce plan d'institution monarchique n'avoir aucun succès en ce moment, je ne
me repentirais pas de l'avoir développé. La
pensée qui est stérile sur un point, peut être
féconde sur un autre. Rien n'est perdu dans le
monde intellectuel, et tout ce qui vient de
l'esprit agit sur l'esprit. Aujourd'hui, aucune
nation en Europe n'a une existence entièrement
à part. Vous croyez ne vous adresser qu'à un état,
et vous vous trouvez en face de l'ensemble.
C'est à l'esprit humain que vous avez affaire.

En tout état de cause, j'ai, du moins, mis le
lecteur à même de juger si, en soutenant que
la proposition de la loi était l'œuvre du roi, et
qu'elle devait être défendue devant les chambres par les ministres de son choix, j'ai entendu
par là, ainsi que le prétend M. Duvergier de
Hauranne, si, dis-je, j'ai entendu par là que la
loi proposée devait être adoptée, par cela seul
que la proposition de la loi faisait partie de la
prérogative royale; que les députés devaient

reconnaître les ministres pour leurs chefs comme un soldat son caporal, et adopter tous leurs projets comme une consigne. Si j'ai mérité un reproche, c'est plutôt de vouloir trop restreindre la liberté du monarque, que de vouloir trop l'étendre. Je combats le principe des majorités parlementaires, parce que ce principe est destructif, tout à la fois, de la liberté du monarque et de la liberté des chambres. Mais en le combattant, je le remplace par une institution qui a tous ses avantages, et qui n'a aucun de ses inconvéniens. Si donc j'ai mérité un reproche, c'est plutôt d'être un ultra-libéral qu'un ultra-royaliste; c'est plutôt d'appartenir à l'école de M. Garnier-Pagès qu'à celle dont on prétend que M. Rœderer est le fondateur, et M. Henri Fonfrède le hardi continuateur. En réalité je suis à distance égale de tous les extrêmes, et aussi loin de la doctrine de M. Rœderer que de celle de M. Duvergier de Hauranne. Je sais que la vérité est la récompense des esprits justes, et que les hommes passionnés ne la rencontreront jamais.

Je crois à la nécessité d'une institution spé-

cialement garante de l'efficacité du principe
monarchique ; parce que, tant que nous n'aurons pas d'institution spéciale, nous n'aurons
pas de doctrine à nous ; et tant que nous n'aurons pas de doctrine à nous, nous serons sous
l'empire de la doctrine britannique. Elle est
fausse, sans doute ; mais c'est une doctrine, et
tant qu'elle ne sera pas remplacée, elle con-
tinuera à fausser toutes les idées et toutes les
positions. Elle ne pourra jamais prendre racine
sur notre terrain ; mais elle empêchera tout
autre germe de s'y développer. A l'appui de
cette assertion, je puis citer un exemple récent.

Voici la question qu'il s'agissait de résoudre.

Le roi ordonne à ses ministres de présenter
un projet de loi à l'une des deux chambres : c'est
son droit. Cette chambre y introduit des amendemens, et ces amendemens sont destructifs du
projet primitif : c'est aussi le droit de la chambre.

Maintenant, comment doit se faire la pré-
sentation à l'autre chambre du projet ainsi dé-

naturé ? C'est là une question de droit constitutionnel fort importante. Elle s'est présentée à
la dernière séance de la chambre des pairs, dans
la session qui vient de finir, à propos du projet
de loi sur l'état-major de l'armée.

Le ministre de la guerre avait apporté ce
projet à la chambre des pairs tel qu'il avait été
amendé par la chambre des députés; mais il avait
placé en regard le projet primitif. M. de Broglie
a reproché au ministre d'avoir, dans cette cir-
constance, violé les règles parlementaires. Selon
lui, après les amendemens adoptés par la chambre des députés, les ministres auraient dû
prendre les ordres du roi, pour savoir s'il ac-
ceptait les amendemens, ou s'il ordonnait de
retirer la loi ; mais il a soutenu que, dans toutes
les hypothèses, le projet primitif avait disparu,
et ne pouvait être présenté en concurrence
avec le projet amendé. M. Villemain a vive-
ment appuyé l'avis de M. de Broglie. Certain
d'avoir toujours des richesses à étaler, l'important pour cet orateur est d'avoir la parole. Mais
quand il n'a pas à sa disposition les idées qui
l'enchaînent, il se contente de celles qui se

4

rapprochent : la juxta-position lui suffit. Les ministres eux-mêmes ont pensé que le projet primitif ne pouvait être remis en discussion, qu'autant qu'il serait repris, à titre d'amendement, par un membre de la chambre des pairs.

Les ministres, dans cette occasion, sont sortis du système qu'il leur est interdit d'abandonner, de peur d'être accusés d'y avoir trop de penchant. Ils ont laissé violer la prérogative royale, et même la prérogative de la chambre des pairs, de peur d'être accusés de porter atteinte à la prérogative de la chambre des députés. M. le maréchal Soult seul a déclaré que, sans la reproduction du projet primitif, la chambre n'avait pas le droit de délibérer.

Sans doute, en Angleterre, où le roi n'a pas l'initiative de la loi, quand une proposition faite par les ministres a été amendée par une des chambres, la proposition primitive n'existe plus. Où est le pouvoir qui pourrait la revendiquer? Dans ce cas, l'initiative des ministres a été l'initiative même de la chambre; mais en France, où il y a initiative royale, le roi peut, sans adopter les amendemens, et sans retirer la loi, seulement avec le désir d'être plus amplement informé par la discussion de l'autre chambre, ordonner que les deux projets y seront présentés en concurrence. Dans ce cas, peut-être, la chambre qui a amendé le projet pourrait avoir le droit de nommer des commissaires pour aller soutenir son avis contre les ministres du roi. Telles sont les deux conséquences logiques qui dérivent de notre Charte. Celle qui a été soutenue par M. de Broglie est empruntée aux usages anglais, et ne dérive que des chartes anglaises. Ainsi les ministres et la chambre sont tombés dans la même erreur. M. le maréchal Soult seul était dans le droit constitutionnel, tel qu'il est établi par la Charte française.

Croit-on que si le principe monarchique était escorté de ses conséquences, cela se serait passé ainsi ? Croit-on que s'il y avait une institution destinée à garantir les prérogatives du pouvoir royal, comme il y a des institutions destinées à garantir les prérogatives des deux autres pouvoirs, croit-on, dis-je, que nous verrions ce que nous voyons en ce moment, les préparatifs d'une sorte de dix août parlementaire ? Mais je n'ai dit encore qu'une des raisons qui empêchent l'autorité du roi d'être en harmonie avec ses droits constitutionnels, et peut-être n'est-ce pas la plus forte. Je n'ai traité que la première des questions préjudicielles que je me suis réservées, et peut-être n'est-ce pas la plus importante. Je vais passer à la seconde.

L'état de la société se compose, non seulement de faits, mais d'opinions; ou plutôt, l'état de l'opinion , l'état moral de la société , est aussi un fait, et le plus important de tous.

Comment est placé en France le principal ressort de la force morale? Où est la puissance dont l'action s'exerce plus spécialement sur l'opinion? Ces deux questions sont identiques : car la force morale n'est autre chose qu'un pouvoir d'attraction sur l'opinion des autres, pour l'amener à la sienne.

Long-temps avant la révolution , les philosophes en avaient en partie dépouillé les prêtres. Depuis la révolution, les journaux en ont entièrement dépouillé les philosophes. La feuille volante a détrôné l'in-octavo. L'enseignement à domicile, glissé sous la porte quand personne n'est encore éveillé dans la maison, distribué dans des milliers de cabinets de lecture, dans tous les lieux de réunion, dans les campagnes comme dans les villes ; tel est aujourd'hui le grand ressort de la force morale, et je défie d'en trouver un autre qui soit capable d'agir avec autant d'efficacité. Si une première fois les journaux échouent dans leurs vues, ils recommencent le lendemain, les jours suivans, des mois entiers, enfin jusqu'à ce qu'ils aient réussi. L'immense majorité des intelligences, trop faible pour lutter par son bon sens contre les artifices du langage, subit comme un enseignement tout ce que la presse quotidienne lui enseigne. A côté de la foi aux sorciers, qui n'a pas quitté le menu peuple, est venue se placer pour les autres classes, la foi aux journaux. Le gouvernement se borne à régler les mouvemens des corps ; il abandonne à la presse quotidienne les mouvemens de l'in-

telligence. Il s'est réservé la force matérielle;
il vend la force morale à quiconque se présente pour solder la valeur de cette étrange
adjudication. Il y a deux gouvernemens en
France, et celui du roi n'occupe pas le premier
rang. Le pouvoir d'influence étend son action
plus loin que le pouvoir par la loi, et ce n'est pas
sans raison que, lors de son dernier voyage à Paris, M. de Metternich disait, que s'il n'était pas
premier ministre à Vienne, il se ferait journa-
liste à Paris.

La situation où nous sommes tient à bien
des causes; mais celle que j'indique ici tient
un rang à part. Vous auriez les mains pleines
de lois, que si vous ne faites pas celle qui change
cette cause, et qui y remédie, tout ce que
vous ferez, d'ailleurs, sera inutile. C'est là qu'est
le secret d'une position dont l'avenir dépasse
les bornes de toutes les prévisions.

En déclarant le roi inviolable, la Charte
l'avait placé en dehors de la liberté de la
presse; mais, semblable à ces jongleurs dont
l'adresse et la subtilité émerveillent les habitués

de nos places publiques, l'école anglaise a, pour chaque article de la Charte, un sophisme tout prêt, à l'aide duquel l'article paraît ou disparaît à volonté. Elle ne nie pas que le roi soit inviolable ; mais elle fait de sa nullité la condition de son inviolabilité : de sorte qu'aussitôt que la moindre intervention de la personne royale se fait sentir dans l'action du gouvernement, sa responsabilité commence, et celle des ministres s'évanouit.

Est-il donc besoin de répondre que le roi est hors de la liberté de la presse, non parce qu'il est un pouvoir nul (il n'y a pas plus de pouvoir nul en politique que de ressort nul en mécanique), mais parce que la moindre déconsidération est une atteinte portée à la majesté royale, sans profit pour le pays ? l'inviolabilité du roi est dans son indépendance, telle qu'elle est stipulée par la Charte, et non dans une subtilité scholastique. Le roi réalise l'unité sociale, et c'est pour cela que le respect qui lui est dû est la sauve-garde générale. La condition de l'exposition de la volonté royale est de trouver des ministres qui en répondent. Les ministres connaissent cette condition, et comme il n'y a pas de puissance humaine qui puisse condamner un homme à être ministre malgré lui, quand il encourt la responsabilité, la conscience la plus timorée peut la lui appliquer sans remords. Mais tant qu'il existe des ministres responsables, on n'a pas le droit de s'en prendre à une volonté irresponsable.

Les journaux ne l'entendent pas ainsi, et cela tient beaucoup au vice de la loi qui les concerne. C'est un axiôme de politique incontestable, que nul droit n'existe en société sans que la loi en ait réglé l'exercice ; mais si ce droit est établi à contre-sens, au lieu de remédier au danger, il le fait naître, et c'est précisément l'effet de la loi sur les journaux.

Nous n'avons pas ce qu'on pourrait appeler judicieusement la liberté des journaux ; mais seulement un monopole en faveur de quelques entreprises particulières. Comme elles exigent de grands capitaux, elles ne sont à la portée que des grandes ambitions ou des grandes spéculations. On n'a pas réfléchi que plus on haussait le prix du privilége, plus on donnait de puissance à ceux qui pourraient l'atteindre, partant plus on augmentait leur danger.

Chaque notabilité parlementaire a son journal, à l'aide duquel elle fait la guerre pour son compte particulier. C'est le droit des grands vassaux qui a reparu sous une forme nouvelle.

Viennent ensuite les journaux de l'opposition que l'on peut appeler révolutionnaire, si ce nom doit s'appliquer à tous ceux dont les idées bouleverseraient l'état si elles obtenaient quelque crédit. Comme ils appellent surtout à eux les opinions que la Charte a laissées en dehors de la sphère politique, leur action doit être très-grande. Ils sont d'ailleurs remarquablement organisés. L'art de nuire y est poussé jusqu'au prodige.

Le pouvoir qui laisse ainsi germer les mauvaises doctrines est destiné à en recueillir les fruits. Il n'a pas le droit de livrer sans défense et sans guide toutes les intelligences, les plus faibles comme les plus fortes, aux excitations conti-

nuelles d'un faux enseignement. La direction
matérielle des hommes ne peut appartenir qu'à
quiconque peut répondre de leur direction intellectuelle. Il faut à un état des règles fixes,
solennellement proclamées, auxquelles doit se
rapporter la direction des esprits. Sans cette
unité de but et de volontés, la société n'est
qu'une aggrégation d'individus juxta-posés.

Dans l'état actuel des choses, quels sont les
moyens du gouvernement pour contrebalancer
toutes ces influences et arriver à l'unité de but
et de volonté ? Il a d'abord les journaux offi-
ciels. Pour la défense officielle du gouvernement, il faudrait un système. Or, dans tout
système, il suffit d'une seule erreur pour
renverser tout un plan. Ce n'est pas ainsi
que la presse officielle entend sa mission.
Ce n'est pas même ainsi que les ministres l'entendent.

Arrivent ensuite ceux des journaux appar-
tenant à des entreprises particulières, qui
consentent à prêter leur appui au gouvernement. Je ne leur adresserai pas le reproche

banal de servilité. On salue sous le nom d'in-
dépendans les écrivains à la solde de toutes les
oppositions, et on accable d'injures ceux qui se
mettent à la solde du gouvernement. On dirait
que les uns se sont élevés jusqu'à la hauteur
du sacerdoce; tandis que les autres se sont
abaissés jusqu'à la dépendance du salaire. La
vérité est que, des deux parts, on est dans
des conditions semblables. Cependant Casimir
Périer avait eu la pensée de se débarrasser de
ces auxiliaires, dont les charges lui paraissaient
dépasser les services. « Ils se tiennent, disait-il,
devant les ministres, comme les puissances bar-
baresques devant les puissances chrétiennes,
menaçant sans cesse d'armer en guerre et de
courir sus à nos personnes et à nos projets , si
nous pensons à marchander le tribut. »

Il croyait qu'il devait y avoir d'autres moyens
pour le gouvernement de contre-balancer les
doctrines de l'opposition. Il n'est pas possible,
en effet, qu'il n'y ait pas de remède à une semblable position. Il faut nécessairement que la
question des journaux soit mal comprise. Il
n'est pas dans la nature des choses que le

meilleur instrument du progrès des idées nous fasse acheter si cher les avantages qu'il nous procure.

Je suis loin de croire, avec M. Duvergier de Hauranne, que les journaux chargés ostensiblement du soin de défendre le gouvernement suffisent à tous ses besoins. Je demande même à quoi peut servir ce dialogue, qui n'est en réalité qu'un monologue. Chaque journal a son auditoire à lui, et ceux qui lisent les journaux de l'opposition ne lisent pas les journaux des ministres. Mieux vaudrait cent fois laisser à tous les citoyens indistinctement le droit de faire des journaux, en supprimant le cautionnement et même le timbre.

Je remplacerais toutes les lois de finance par cette simple disposition : « LA PREMIÈRE COLONNE DE CHAQUE JOURNAL EST A LA DISPOSITION DU GOUVERNEMENT DU ROI. »

Il y a maintenant dix ans que j'ai proposé cette mesure, qui eût peut-être épargné plus d'une catastrophe. Puisque le bien et le mal peuvent se puiser à la même source, tenez au moins à votre disposition la source du bien. Que le contre-poison puisse circuler à côté du poison. Après avoir été le dissolvant de l'ordre ancien, les journaux pourraient ainsi devenir la force organisatrice de l'ordre nouveau. Plus il **y** aurait **de** journaux, et plus ces journaux auraient d'abonnés, plus aussi le gouvernement aurait de moyens de propager ses doctrines. C'est une mesure qui contenterait tout le monde : ceux qui font des journaux, dont on rembourserait le cautionnement et qui n'auraient plus de timbre à payer; ceux qui voudraient faire des journaux et qui demeureraient ainsi libres de toute entrave, et enfin le gouvernement, qui trouverait dans cette faculté de tous les jours, et sans la moindre dépense, un moyen d'influence dont aucune autre combinaison ne saurait approcher. Mais ici, comme dans la question précédente, c'est toujours le gouvernement qui se manque à lui-même. Les journaux ne feraient pas la loi au pouvoir, si les pouvoirs avaient su faire la loi des journaux. Si donc le roi n'a pas une force morale proportionnée à l'étendue de sa prérogative, c'est que les combinaisons les plus hostiles se sont unies pour lui en disputer les avantages.

Dans tout ceci, comme on voit, je ne défends pas plus les ministres que je n'attaque les oppositions. C'est le texte de la Charte et l'enchaînement des idées qui en dérivent, qui m'ont conduit à des résultats entièrement opposés à ceux que poursuit M. Duvergier de Hauranne. J'agis sans prévention; je ne vois dans mon sujet que le sujet lui-même, et il me serait impossible de suivre une autre route.

Ce qui nous aveugle en ce moment sur la faiblesse du pouvoir royal, c'est le caractère particulier du prince avec lequel ce pouvoir est identifié. |Ce qui abuse peut-être le roi lui-même, c'est que jusqu'ici il a triomphé de beaucoup d'obstacles. Qu'il ne s'y trompe pas cependant. Les qualités personnelles n'ont que des conséquences personnelles. Un caractère trouve difficilement un héritier. Et ce n'est pas ainsi qu'on fonde les droits politiques. *A moins donc que le roi ne parvienne à assurer par des garanties définitivement constituées et généralement reconnues, l'exercice de toutes ses prérogatives constitutionnelles, son exemple restera sans influence sur notre avenir, comme sur celui de sa famille.*

Nous sommes environnés d'écueils, et on ne peut les éviter qu'en opposant notre Charte à toutes les théories exotiques qui tendent à la dénaturer. Il s'agit de fonder la monarchie représentative, et il n'y a qu'une institution garante de l'efficacité du principe monarchique, et une bonne loi de la presse, qui puissent amener ce résultat. Il n'y a que ces deux moyens qui puissent relever la royauté, non seulement chez nous, mais, par notre exemple, dans tous les pays où l'accable la tourmente révolutionnaire. Il y a désordre dans la société européenne toute entière, et ce désordre est dû à l'ébranlement du vieux système et à la difficulté d'en créer un nouveau. Qui lui donnera le ton, si nous lui manquons? Partout l'esprit stationnaire est vaincu. N'y a-t-il donc qu'en politique où il sera toujours victorieux? Serons-nous encore long-temps comme ces avares qui meurent sur le trésor dont ils n'ont pas su faire usage? Ce sont les positions neuves prises à propos qui forment les époques historiques, et les événemens refusent rarement leur concours à ceux qui sont en mesure de se tracer la voie. Il n'en est pas des matières politiques comme des matières religieuses. Dans celles-ci, la foi est dans la multitude, le pauvre et le riche, le savant et l'ignorant, ont également leur conscience, et quand l'opinion s'oppose aux innovations, il faut des siècles pour vaincre les résistances. Mais dans les matières politiques, il est difficile que l'opinion des hommes éclairés persiste long-temps à s'élever contre un moyen de perfectionnement. Quel avantage voulez-vous que le pays retire de la royauté, si la royauté n'a pas tous les moyens indispensables à l'exercice de sa prérogative? Comment voulez-vous que les vœux, l'espérance, l'amour, s'élèvent vers le trône, s'il n'est que le néant? Comment voulez-vous qu'il ait un pouvoir moral, s'il est traité comme l'ennemi commun, s'il est le point de mire de tous les outrages? alors poursuivez jusqu'au bout l'ironie de vos dédains. Remplacez son sceptre par un hochet, et, au lieu d'une couronne, mettez-lui un bourrelet, afin de le tenir bien averti que, s'il fait le moindre mouvement, il peut se briser la tête.

Reste maintenant à examiner quelle doit être pour le pays la conséquence des opinions que je combats, si, dans la lutte qui se prépare, la chambre des députés devait, un seul instant, leur prêter son appui. Ce sera le sujet d'une seconde brochure. On fait plus de révolutions, sans le vouloir et sans le savoir, qu'en le voulant et en le sachant. L'avis d'un homme qui en a beaucoup vu peut n'être pas sans importance. Il y a tant de gens qui chargent leurs armes et font partir le coup, sans savoir où l'arme vise et quelle sera sa portée!

Lasalle, 1er décembre 1838.

———

BIBLIOTHEQUE ROYALE
I